The Desert

Also by María do Cebreiro

In English:
I am not from here (Shearsman Books, 2010)

Poetry
O estadio do espello (1998)
Nós, as inadaptadas (2002)
Non queres que o poema te coñeza (2004)
O barrio das chinesas (2005)
Os hemisferios (2006)
Objetos perdidos (2007)
Cuarto de outono (2008)
Non son de aquí (2008)
Poemas históricos (2010)
O grupo (2011)
A guerra (2012), con Daniel Salgado
A ferida (2013), con Ismael Ramos
Os inocentes (2014)
O deserto (2015)
A lentitude (2017)
Soños. Arquivos. Cartas (2018).

Essays
As antoloxías de poesía en Galicia e Cataluña (2004)
As terceiras mulleres (2005)
Fogar impronunciable. Poesía e pantasma (2011)

As editor
A poesía é o gran milagre do mundo: poetas galegos do PEN (2001)
Damas Negras música e poesía canta por mulleres [Edited and translated] (2002)

María do Cebreiro

The Desert

O deserto

translated from Galician
by Keith Payne

Shearsman Books

First published in the United Kingdom in 2019 by
Shearsman Books
50 Westons Hill Drive
Emersons Green
BRISTOL
BS16 7DF

Shearsman Books Ltd Registered Office
30–31 St. James Place, Mangotsfield, BRISTOL BS16 9JB
(this address not for correspondence)

www.shearsman.com

ISBN 978-1-84861-624-0

Original poems copyright © María do Cebreiro, 2015
© Apiario, S.L., 2015
Translations copyright © Keith Payne, 2019

The right of María do Cebreiro Rábade Villar to be identified as the author of this work, and of Keith Payne to be identified as the translator thereof has been asserted by them in accordance with the Copyrights, Designs and Patents Act of 1988. All rights reserved.

O deserto was first published in A Coruña in 2015 by Apiario S.L.   www.apiario.eu

Acknowledgements

Esta obra recibiu unha axuda da Secretaría Xeral de Cultura da Consellería de Cultura, Educación e Ordenación Universitaria da Xunta de Galicia na convocatoria de axudas para a tradución e/ou edición do ano 2018. Shearsman Books gratefully acknowledges the support of the *Secretaría Xeral de Cultura, Consellería de Cultura, Educación e Ordenación Universitaria, Xunta de Galicia* (General Secretary of Culture, Department of Culture, Education and University Administration), in the publication of this volume.

Acknowledgements are due to the publishers and editors of the following books and journals where previous versions of some of these poems, either in Galician or in English translation, first appeared: *Biosbardia*, *The Level Crossing*, *Poetry Wales*, *Salamander* and *Six Galician Poets*, Ed. Manuela Palacios, Arc Publications, 2016. The poem 'A note on sculpture' was commissioned for the exhibition *Debts and Loans* by Gonzalo Sarasquete (Museo do Pobo Galego, 14 July, 2015).

The translator wishes to thanks Manuela Palacios, Angela Long and Iago Lopez Martínez for their close reading of the manuscript and for their invaluable suggestions.

Contents

8	Nota sobre escultura / A Note on Sculpture	9
12	Ismaël et Agar dans le désert / Ismaël et Agar dans le désert	13
14	A noite / The Night	15
16	Os cervos / The Deer	17
18	Os trazos / The Traces	19
22	O dioivo / The Flood	23
30	O deserto / The Desert	31
32	A columna / The Column	33
34	O sangue / The Blood	35
38	O frío / The Cold	39
40	As tesoiras / The Scissors	41
44	A pel / The Skin	45
48	A besta humana / The Human Beast	49
52	O corazón / The Heart	53
54	As ilusións / The Illusions	55
56	O corpo / The Body	57
60	Deucalión / Deucalion	61
62	O amor / Love	63
66	Nota da autora / Author's Note	67
	The Author	69
	The Translator	71

O DESERTO

THE DESERT

NOTA SOBRE A ESCULTURA

Vin o filme deitada e non era consciente de estar entrando no noso propio filme
que era feito de pel e mais de luz, como antes das partículas de vidro
que estalaron no medio do verán e fixeron de súpeto visibles os vértices
que nunca antes vira do seu corpo. *A verdade é unha nai sen fillos,*
un río en crecente. Os amantes levaban mortos a eternidade toda, pero
eu cría estar vendo unha cousa e vía outra. Cría estar perdida no medio
dun camiño e estaba perdida dentro doutro. E de súpeto os corpos xa non eran de
amantes. Dúas cartas procuraron o misterio e a primeira[1] era filla da segunda[2].
A calcinación é o único que queda. É o contrario das placas. Non se ergue.
É unha fronteira lenta, como o frío nos dedos. Como se o lume carecese de lingua
e non de mans, e as mans fosen de tempo. Mirei as xeometrías e os cortes

---

[1] Fragmento da primeira carta: *Unha nena observa na praia a torre de area que ergueu co seu caldeiro. A onda pasa e acháiao, retírase e acháio máis, así varias veces ata que a torre queda convertida nun pequeno outeiro suave e húmido sobre a praia. A imaxe sería aínda máis intensa se estivese no submundo. Sería magma e non auga o que pasase sobre a súa construción, e operaría un efecto diferente. (…) Pero faremos ben en pensar dúas cousas: a primeira, que ao contrario do mar o magma solidifica o que está destinado a permanecer en nós; a segunda, que non terá piedade (non a coñece) calcinando aquilo que non dea resistido a súa aperta abrasiva. Creo que é ese o proceso que percibes, e alégrame a consciencia e a calma coa que o fas. Podemos ser insubmisos a todo agás a nós mesmos. (…) Non teñas présa. Despois virán outras experiencias, pero esta en concreto desde logo que te conformará.*

[2] Fragmento da segunda carta: *Fixéchesme lembrar ese momento do filme Viaggio in Italia no que a parella contempla o molde da outra parella que quedara inmobilizada para sempre cando a lava do Vesubio os sepultou en Pompeia. Mellor dito, o que lembrei foi algo moi curioso que lera sobre o filme. Era algo así como que no filme todo o mundo os 've' abrazados, pero en realidade eles non están abrazados, e nin sequera se pode saber se estaban xuntos, se eran home e muller, ou pai e filla, ou irmáns. Pero cando os vemos alí, fosilizados logo do volcán, restituímos o vínculo onde non o hai, como se sentísemos que é imposible que nas experiencias límite non haxa unha man que nos colla ou un brazo que nos sosteña. E non o hai, claro. Ou se cadra si que o hai (…).*

A NOTE ON SCULPTURE

I watched the film slumped unaware of watching our own film
that was also made of skin and light, like before when the glass particles
that shattered in midsummer suddenly revealed all the vertices of his body
that I had never seen before. *Truth is a mother without children,*
a river rising. The lovers have been dead an eternity, but I thought
I was seeing one thing when I was seeing another, lost halfway along
one path when I was lost on another. Suddenly the bodies were no longer
lovers. Two letters solved the mystery; the first[1] the daughter of the second[2].
Calcination is all that remains. Unlike plates. It doesn't rise.
It is a numb frontier, like cold fingers. As if the fire lacked a tongue
but not hands, the hands kept time. I watched the geometries and cuts left

---

[1] Fragment of the first letter: *A little girl on the beach watches a tower of sand that she had raised up with her bucket. The wave comes up and flattens it, withdraws and flattens it again, and so on until the tower is softened to a small, wet clump on the beach. The image would be even more intense if it was the underworld. It would be magma and not water washing over her construction, and it would have a different effect. (…) We do well to consider two things: first, unlike the sea, magma sets what is destined to stay with us; and second, it will not pity, (it knows no pity), searing that which does not resist its caustic embrace. I believe this is the process you perceive, and I am cheered at the knowledge and calm with which you do so. We can defy everything but ourselves. (…) Do not rush. There will be other experiences, but you will clearly be marked by this one.*

[2] Fragment of the second letter: *You have reminded me of that moment in the film 'Journey to Italy' when the couple contemplate the cast of another couple that have been bound forever since the lava of Vesuvius buried them in Pompeii. Rather, what I remembered was something really odd I had read about the film. It was something like, although everyone in the film 'sees' them embracing, in truth they are not embracing, and you cannot know if they are together, if they were husband and wife, or father and daughter or siblings. But when we see them there, petrified by the volcano, we restore a link where there is none, as if we felt that in extreme situations there will be a hand to hold us, or an arm around us. And of course, there is none. Or perhaps there is (…).*

que deixan os días sobre a carne e a pedra saíu ao mundo como unha segunda pel.
Toquei a súa carne e os seus límites como se me prendese a algo, como se alguén
fose capaz de apañar algo da miña natureza difusa e puidese condensalo.
Como se me pechasen nun frasco de cristal e me desen ao vento porque o mar
sería sólido de máis para sosterme. O escultor coñece todo o que no mundo hai
de dureza. É iso o que volve firmes as súas mans. Regálallas ao aire
e os paxaros que pasan saen da fiestra. Con suavidade fan o seu niño
entre a palla. A súa calor esmaga cada pao até que se disolve a xeometría.
A casa dos paxaros non é a pedra, pero a pedra é o lugar no que descansan.

on the flesh by the days as the stone rose to the world like a second skin.
I touched flesh and its borders as if fastening myself to something, as if
someone was capable of capturing something of my diffuse nature and condensing it.
As if they locked me in a glass flask and tossed me to the wind because the sea
was too solid to have me. The sculptor knows everything in the world
about density. That is why his hands are firm. He delights the air
and birds fly through the window to gently nest in the straw.
Their heat softens every twig dissolving geometry.
The birds' house is not made of stone, but stone is the place they rest.

ISMAËL ET AGAR DANS LE DÉSERT
(Un cadro de François-Joseph Navez)

> *Onde estabas ti cando eu fundaba a terra (…)*
> *cando as estrelas da alba cantaban a coro?*
> —Libro de Xob 38: 4-7

Repara nos dentes do río, na súa mordedura de auga calma. Repara no tacto do río
entre os dentes da pedra, que necesita máis dun cento de anos para se conmover.
A culpa non é da súa mocidade. É que onda o corpo del, ela é a pedra.
O ceo baixa negro e eu comprendo que teño dúas pernas pero só un corazón.
Que teño dous pulmóns pero un só corpo. Que a vibración do sangue é circular e alterna.
Comprendo que o deserto ten a extensión exacta para verte,
que o tamaño do mundo foi alterado de xeito substancial cando naciches
e que nin se expandiu nin se encolleu. Que fuches, coma os santos, concibido
pero non enxendrado. Que coma eles podes oír voces pero non a túa voz.
Agar era unha escrava no medio deserto. Ismael é o profeta dos feridos,
a voz dos animais, o pé dos coxos. Ismael é o misterio da chuvia antes da nube,
o esqueleto dos barcos, a parte azul da chama. Ismael planta estrelas nos campos de cereal.
Sementa millo e medo en cada páxina. Deixa as flores vermellas
entre o limo do lago. Deixa a cinza na boca, a herba fresca no ventre.
Nas mans, auga salgada. O deserto ama os fillos ilexítimos. A súa lei é a loucura e a calor[3].

---

[3] *A morte é o único que nos instrúe, pero só cando aparece. Cando falta é esquecida por completo. Os que poden vivir coa morte poden vivir na verdade, só que esa experiencia é case intolerable. (…) A morte é a gran destrutora de todas as imaxes e de todos os contos, e os seres humanos nunca poderán representala por completo. O seu último recurso consiste en apoiarse na dor, en tratar de enganar a morte a cambio da dor. E o sufrimento alimenta as imaxes. Alimenta as imaxes máis fermosas.*

ISMAËL ET AGAR DANS LE DÉSERT
(A painting by François-Joseph Navez)

> *Where were you when I laid the earth's foundation (...)*
> *while the morning stars sang together?*
> —Book of Job 38: 4-7

He watches the river's teeth, the calm water's bite. He watches the river's touch
between the stone teeth that need more than a hundred years to be moved.
His youth is not to blame. Close by his body, she is stone.
The sky darkens and I see I have two legs but only one heart.
That I have two lungs but only one body. The blood's oscillation is circular
and alternate. I understand the desert is the perfect reach to see you,
when you were born the scale of the world shifted substantially
and it neither expanded nor contracted. You were like the saints, conceived
but not engendered. Like them you hear voices but not your own.
Hagar was a slave in the middle of the desert. Ishmael the prophet of the wounded,
voice of the animals, foot of the lame. Ishmael the mystery of rain before the cloud,
skeleton of boats, blue of the flame. Ishmael plants stars in the grain fields.
He sows corn and fear on every page. Leaves red flowers
in the silt of the lake. He leaves ash in his mouth, fresh grass in her belly.
His hands, salt water. The desert loves the illegitimate. Its law is madness and heat.[3]

---

[3] *Death is the only thing that instructs, but only when it appears. When not there, it is completely overlooked. Those who can live with death can live truly, except this is almost intolerable. (...) Death is the great destroyer of all images and all stories, and humans will never be able to fully represent it. Their only recourse is to count on pain, to try and cheat death with pain. And suffering nourishes the images. It feeds them, makes the images more beautiful...*

A NOITE

Prepárome contigo para cruzar a noite,
igual que os músculos se preparan para o movemento
e a quietude se prepara para a présa.
Non creo na identidade entre o ben e a beleza.
Creo na pel da noite, en que no mundo hai pregos,
dimensións incontables e deformes, e o silencio dos astros
pode ser un estrondo sen harmonía ninguna,
e non hai unha lei do relampo nin unha lei do vento.
Porque en ti non desexo nada que as outras mulleres
poidan desexar e outros homes admiren.
Sei ver, sen conmoverme, as dúas partes distintas
do teu rostro, e o xeito no que unha emprega a linguaxe
da outra para ocultar o distintas que son entre si,
e con respecto a aquilo que o rostro garda.
Non podo adiviñar os teus segredos porque un segredo
non pode adiviñarse, pero vexo que os hai
e gústame que os haxa, e atrévome a medir a fondura
do que calas. Son o lume cravado no ventre
dos cavalos. A fouce que cando arde curva o ferro
(*Para o relampo, o ferro é mel.*
Todos vivimos segundo o noso código).

THE NIGHT

We ready ourselves to cross the night,
like muscles ready to spring
the quiet that's ready to quicken. I don't
believe in the coincidence of goodness and beauty.
I believe in the night's skin, in the world that overlaps
in endless warped dimensions, that the silence of stars
could well be a clamour for disharmony.
Lightning observes no law, no law to the wind.
Because there's nothing in you I crave like
other women might crave and other men admire.
I can see, without being moved, the two sides
of your face, and how one side uses the other's
tongue to hide the difference between the two,
as well as what's kept hidden by your face.
I'll never fathom your secrets because a secret
can't be fathomed, but you have them,
and I like that, and am mad to plumb the depths
of your descent. I'm the flame nailed in the horses'
belly. The iron curves when the sickle burns
(*To the lightning, iron is honey.*
We each live according to our own code).

OS CERVOS

Non lles fai falta a auga porque a desexan, e ao tempo
que a desexan, constitúena[4]. O desexo fai para eles
unha arquitectura de paredes cumpridas e pequenos detalles:
catro fiestras abertas en dirección ao mencer.
Todo acontece dentro. Eles son, coma os cervos,
un bosque dentro de outro. Os seus corpos enrédanse
antes de se enredar. Máis cedo ou máis tarde,
todo isto terá que ver coa loita. A lección da experiencia
di que a traizón é o destino das promesas que se fan
en tempos de amor e en tempos de guerra. Pero eles,
neste punto, ignoran a experiencia, e repiten paso por
paso os rituais, aínda cando os saiban de memoria,
e aínda cando saiban que non son necesarios
para o cabal cumprimento das promesas. Os cervos
son violentos e formais. Confían na importancia
de cada un dos pasos, ao tempo que saben ler o sentido
das gotas de auga que levan caendo toda a vida enriba
da súa pel. Macho e femia, os dous han pelexar
como se tivesen un único sexo e non fose o seu, liquidando
débedas e fronteiras, suxeitos unicamente ás leis do bosque.

---

[4] E logo veu a chuvia, que o fixo todo algo diferente, polas mesmas razóns que Ismael espuxo: *velaquí vén a chuvia borrar de novo calquera cousa que digamos. O bo da chuvia é que borra as pegadas todas no camiño, e os pés dos que volven pasear despois afúndense máis aínda.*

THE DEER

They don't need water they desire it, and while they
desire it, it keeps them together[4]. For them, desire
is an architecture of well-made walls and small details:
four open windows facing the dawn.
Everything happens within. They are, like the deer,
a forest within a forest. Their bodies entangled
before they're tangled together. Sooner or later,
this will all end up in a fight. Experience tells us
that betrayal is the fate of all promises made
in times of love and times of war. But at this point,
they ignore the lessons of experience, and repeat
the rites step by step, although they know them by heart
and even though they know they're not necessary
to thoroughly realise the promises. Deer
are violent and formal. They trust in the importance
of every step, and they know how to read the meaning
of raindrops that have been falling on their pelts
their whole lives. Male and female, both will have to fight
as if they were the only sex and it wasn't their own, wiping
away debts and borders, subject only to the laws of the forest.

---

[4] And then the rain came, and everything changed, for the same reasons that Ismael explained, *Here comes the rain again to wash away everything we say. The good thing about the rain is that it washes away all traces on the road, and the feet of those who later pass by sink even further.*

OS TRAZOS

A muller segue o rastro dos paxaros. Voan
de dous en dous, tan xuntos que ela pensa
que non cruzan o aire, senón a rúa, e que non
teñen plumas, senón mans. Faille sorrir a súa
lixeireza. Observa a danza das ortigas no muro
e as magnolias pousadas sobre as árbores
como se fosen pombas mensaxeiras.
Mira os froitos vermellos que medran
tralo cristal do cuarto e pensa: *agora todo
é dous*. É un xeito de lealdade ás sensacións.
Ela acolle entre as mans a infinita gramática
dos soños ou a primeira nota ao pé da natureza:
a glosa que un indio fixera na cortiza dun ceibo,
separando a carriza do tronco na súa propia boca,
lentamente. Pero nestas imaxes a terra sufre
e non é por potencia. Sufre polo labor da tradución.
As nosas palabras tentan dispoñer as cousas
nunha orde, e a orde sempre é algo que acontece
despois. Hai rastros. Ao fondo do bosque,
onde son moi poucas as mulleres que chegan,
entrou un cabaleiro sen a súa armadura
e gardou un silencio eterno. Por iso ela procura
o punzón que rompa o lacre e desate esta brétema

THE TRACES

The woman watches the trace of birds. They
swoop in pairs so close she thinks perhaps
it's not the skies they cross, but streets, it's not
feathers they have, but hands. Their light touch
makes her smile. She watches the nettles dance
on the wall and the magnolia blossoms light
on the trees as if they were carrier pigeons.
She looks at the red fruit growing beyond
the window in the room and thinks, *Now, everything
is two*. It's all a sign of devotion to the senses.
She cradles the infinite grammar of dreams
in her hands, or nature's first footnote: the gloss
a native made on the bark of a ceiba tree
pulling the moss from the trunk with his mouth
ever so slowly. But the earth suffers here
though not from power. It suffers in translation.
Our words are always trying to order,
when order is something that comes
later. There are traces. In the depths
of the woods where few women have ever reached
a knight walked in without his armour
and kept an everlasting vigil. She takes up
the auger and splits the seal releasing the mist

na que danzan o lume e a auga que os dous son,
na terra incógnita do seu achegamento cauteloso.
Leva maior vantaxe quen desde o comezo arde
ou quen desde o comezo desconfía? Pero como
sabelo, se nunca foi posible nin transmitir
nin desvelar completamente os segredos do amor?

where dance the fire and water that form them both
in the terra incognita of their guarded meeting.
Who has the upper hand, the one who burns
from the start or the one who doubts? And how
will we ever know, since you can never tell
or fully reveal the secrets of love?

O DIOIVO

—1

Era inverno e chovía como nas frases feitas.
O traballo do home consistía en facer
que os soños de outros homes se cumprisen.
Todos os libros que ao longo daqueles anos
foran dar ás súas mans, comezaron a medrar
no interior dela. *¿Saberá serlle fiel á miña
alegría pura e animal, que entra no espírito
da cantiga e esquece completamente
o seu sentido?* A muller sempre escribe
co corazón en chamas. Non é quen de facelo
doutro xeito. Primeiro pensa: *A nosa
historia vaise escribir con músicas fermosas.*
Logo lembra que a letra sempre acaba
por entrar no corazón da música[5].
Atravesar a vida significa atravesar a morte.

---

[5] *O paxaro cando chove /mete o bico na silveira / así fan as boas mozas / cando non hai quen as queira....*

THE FLOOD

—1

It was winter and raining like the proverbs.
The man's job was to make sure other men's
dreams came true. All the books that had passed
through his hands down all the years began
to grow inside her. *I wonder will he learn*
to trust my fierce and animal joy that swoops
into the tune and forgets the meaning?
The woman always writes with her heart
in flames. There is no other way
she knows. First she thinks: *Our story*
will be written in the most beautiful melodies.
Later she remembers that all the lyrics
are swallowed into the heart of the music[5].
Crossing life means crossing death.

---

[5] *The bird when it rains / puts her beak in the shrubs / and so do fine girls / when they've no one to love.*

—2

A chuvia cae sen tregua e vai borrando aos poucos
as contornas do mundo. A auga é o único elemento
capaz de asasinar sen deixar rastro: así son as pegadas
sen trazos do dioivo. Como distinguiremos, cando chegue,
o nome dos lugares sobre a terra, se os nomes
quedaron mergullados e a superficie das augas se volveu
unha potencia que iguala debaixo de si todas as cousas?
Os xustos están mortos a ollos dos inxustos. A parábola
bíblica dos talentos veu demostrar que os bos desprezarán
a quen os recoñeza. Pero o dioivo (pensaban os que deron
en buscalo na cidade de Ur) debeu de deixar rastros.
Así non sexan visibles. Así sexan só audibles como o fío
das palabras, como a columna de aire do seu canto oxidado.

—2

The rain falls endlessly as little by little the contours
of the world are blurred. Water's the only element
that kills leaving nothing in its wake, floodmarks
without a trace. How will we find the placenames
on the face of the earth, when it happens, when the names
are all drowned and the power returns to water
to make everything beneath its surface the same?
The just are dead in the eyes of the unjust.
The parable of the talents shows the good will despise
those who recognise them. But the flood (to those
searching for it in the city of Ur), must have left a trace.
Even if it's invisible. Even if it can only be heard as a thread
of words, as a column of air rising off its rusted song.

—3

E de súpeto, como se fose posible pechar este poema,
aparece a muller de pelo rubio. O acento daquela católica
irlandesa que durante un serán, co puro movemento
dos seus dedos, tentou curarme da miña desolación
mentres falaba das letras enrestradas no manuscrito
de Kells. *Debemos reconciliarnos*, dicía ela,
co sangue do que vimos e co sangue ao que iremos.
E coas mans na caluga falou da *Virgin Mary*, de ser filla
e ser nai. *Procedo de mil sangues*, respondín,
pero se cadra nunca enxendrarei. Medrarei cara atrás
para tentar comprender o que fun, e alí onde as ponlas
das árbores de mil veces mil anos se extravíen, Deus
provocará un dioivo de sangue, e os anxos volverán
ascender e descender pola escaleira do soño de Xacob,
e regresarán á vida as letras capitais das miniaturas.
E abrirán a súa boca as cabezas esculpidas nos capiteis
dos templos, e logo rodarán polo chan dos adros,
como decapitadas. E abriranse outra vez ao mundo
as portas de Ur. Choraremos pola civilización como se fose
un cativo loiro que un día desapareceu e que nunca
puidemos levar de volta á casa. A auga, e sobre todo

—3.

And then suddenly, as if it were possible to end the poem,
the blonde woman appears. That Catholic woman and her Irish
accent who with just the movement of her fingers during
a session tried to cure my desolation as she told me
about the embossed letters of the Book of Kells.
We need to be reconciled, she said, *with the blood
from where we've come, the blood of where we're going.*
With her hands on my neck she spoke of the Virgin, of being
daughter and mother. *I flow from a thousand bloods*, I said,
but I may never engender. I will expand backwards
to understand what I was, and there where the branches
from the trees of a thousand times a thousand years are lost,
God will send a deluge of blood, and the angels
will again ascend and descend Jacob's ladder, and the era
of capital letters in the manuscripts will return.
And the sculpted heads on the temple capitals will open
their mouths, and they will roll around the floor of the church
grounds as if beheaded. And the Gates of Ishtar will open
to the world once more. We will wail for civilization as if
it were a blonde boy in a cage who disappeared one day
and we could never bring him home. Water, and above all

o sangue, borrarán as pegadas do que fomos, e cando a terra
seque, o mundo, como se fose unha doncela chea de ilusións,
erguerase por entre o arco da vella coa súa pel chea de orballo
e ofrecerase aos ollos de todos os animais da creación
para se dispoñer de novo a ser eternemante seducido.

blood, will erase the remains of what we were, and when the land
is dry, the world, as if she were a maiden full of dreams,
will rise into the rainbow with her dew wet skin
and be offered up to the eyes of all the animals of creation
to be ready again for eternal seduction.

O DESERTO

Non lle pidas ao vento que pare de zoar, nin lle pidas que sopre.
Non lle pidas ao vento unha mancha de area no interior dos teus ollos.
Non lle pidas ao vento a estrutura das dunas, nin o enigma do seu
movemento perpetuo. O pó debe estar solto, e poden chegar pragas
de saltóns e invadir as colleitas e que non haxa ninguén para escoitar.
Somos humanos nós? É humana a nosa forza? A humanidade non é algo
que veña nin antes nin despois. Perdinte mil veces e mil veces te recobrei
e ningunha das mil acusaches a verdadeira perda e ningunha das mil
resultou ser a perda verdadeira. Gustaríame dicir que habitamos
o inverno do noso descontento. Dicir que o noso medo colle nunha
manchea de pó. Pero estas non son citas. Ti sabes que o deserto
non admitiría as citas, que non admitiría ningunha cousa
que poida ser estéril. Ninguén pode citar o corazón do inverno.

THE DESERT

Don't ask the wind not to rustle, don't ask it to blow.
Don't ask the wind for a pinch of sand in your eyes.
Don't ask the wind the shape of dunes, or the enigma
of its endless flow. The dust should be free, and a plague
of locusts could invade the harvest and there's no one to hear.
Are we human? Is our strength human? Humanity isn't something
that just arrives sooner or later. I lost you a thousand times
and a thousand times I found you and not once did you realise
the true loss and not once was it truly a loss. I would like to say
that we are living in the winter of our discontent. To say our fear
fits in a fist of sand. But these are versions. And you know
the desert won't permit versions, it would never permit anything
so sterile. Nobody can paraphrase the heart of winter.

A COLUMNA

A raíz é a columna vertebral das plantas. Nada
do que vexamos sobre o seu crecemento
nos brindará un indicio fiable do que acontece
dentro. Os animais humanos somos cegos
ao grande misterio do crecemento das cousas.
Eu rego durante a noite a rosa de lume
do meu lombo e prego de día para que non estiñe.
Prego para non esquecer o saber incontable
que a un corpo de muller pode achegar a creba
dunha vértebra. O que rompe non pode volver
ao seu lugar. E por iso, entre a noite, nese lugar
que o mundo elixe para quedar durmido,
os enfermos, os nenos de peito e os amantes
exercen como únicas testemuñas da vida,
que baixo circunstancia ningunha se detén.
Un accidente non considera a vida no que vale,
só proba a situala baixo a súa propia lóxica
de xogo, de catástrofe. Se o medimos coa noite,
que escaso é o volume do accidente —un espazo
intocable— que a rosa de lume sinala no centro
do lombo cada noite, mentres a raíz da planta,
e non o talo, decide se medrar cara abaixo ou se morrer.

THE COLUMN

The plant's spine is its root. There's
nothing we can see of its growth that
tells us for certain anything of note, of what's
happening within. We beasts are humanly blind
to the great mystery of the growth of life.
I water in the night the flaming rose in my
back and by day pray it doesn't dry out.
I pray not to forget the endless knowledge
a woman's body acquires from a broken
vertebra. What's broken can't be put back
in place. And so, during the night, here
where the world chooses to sleep,
the sick, the suckling babies, the lovers
tend the night as the only witnesses to life
that under no circumstance will ever stop.
An accident won't take life into account,
it only lives under its own logic of game,
of catastrophe. Measured against the night,
how small the accident seems– a space beyond
reach– where the flaming rose glows in the centre
of my spine every night, while the root of the plant,
and not the stem, decides if it will grow or die.

O SANGUE

A muller esperta no medio da noite, no intre no que alguén di:
—*Pínchate cunha agulla e dime de que cor é o teu sangue.*
—*O meu sangue non é nin azul nin vermello*, responde ela.
Despois vai reparando lentamente en que non hai xeito
humano de ollar sen que ninguén te olle. Ao día seguinte
soña que come pedras e que non son malas de tragar.
Que camiña de noite, serena e espida, como as mulleres
dos cadros de Delvaux. Que alguén deixa un pano vermello
debaixo da almofada e por iso é quen de ver o rostro do
seu futuro amante. Os dous dan condensado nun segundo
do soño o tempo da súa vida, e aforran case todas as caricias
e todas as conversas. O sangue é escuro e espeso,
ten a nobreza das substancias sólidas, unha nobreza que
—case exclusivamente pola cor— adquiren tamén certos
pigmentos e os pousos do viño. A diferenza das nais, ela
concédelles cadanseu espazo ao sangue e ao seme.
Sabe gozar da potencia infinita desa división, e ao separar
cada un dos espazos, na práctica libéraos. Por iso desconfía
dos poderes sagrados da lactancia, ao tempo que recoñece
a participación do leite na potencia do trigo. *O deserto
é infinito e os fillos non son vosos.* Por iso non ten medo,
e de noite, entre o soño, alguén sen rostro pero non
ameazante (unha presenza amiga) aparece para que non

THE BLOOD

The woman wakes in the middle of the night the moment someone says:
—*Pierce yourself with a needle and tell me the colour of your blood.*
—*My blood is neither blue nor red*, she responds.
Then it slowly dawns on her there is no way humanly possible
to watch without being watched. The following day
she dreams of eating stones that are easy enough to stomach.
That she moves by night, naked and calm, like the women
in Delvaux's paintings. That someone leaves a red cloth
under their pillow and can see the face of their future lover,
and the pair condense the time of their lives into a dream second,
holding over almost all the caresses and conversations.
Blood is dark and dense, it has the integrity
of a solid substance, an integrity that
—almost exclusively for its colour—certain tints
and sediments of wine take on. Unlike mothers,
she gives separate space to blood and semen. She knows
there's no end to the power of that severing,
the absolution of keeping distance. That's why
she is wary of the sacred powers of suckling, yet knows
the place of milk in the power of wheat. *The desert
is endless and her children are not yours.* And so
she is not afraid, and at night in dreams, a faceless figure
appears, not threatening (a friendly presence) and so

esqueza que os humanos non somos animais da razón
nin animais da fala. Somos animais da anticipación,
animais da ruptura, da discontinuidade temporal.
Capaces de querer calquera cousa que queiramos con toda
a intensidade posible en cada instante. No trígono de lume
que as estrelas compoñen para os dous ela pon un imán
e a flor do trevo. Procurará a súa imaxe nas singularidades,
nesa pinga de sangue que aquela voz sen rostro
lle ordenou extraer durante o soño. E a voz
sen rostro de día volve ao corpo, e ela comprende
que felizmente ningunha posesión volverá ser posible,
e non quere nin que el a desexe nin que a lembre,
senón que siga vivo na calor da súa pel, tal e como ela
soña que nace no seu corpo a cada instante.

she never forgets humans are neither animals of reason
nor animals that speak. We are animals of rupture,
of the temporal breach. Able to love anything
we want with the intensity of every given moment.
She places a magnet and a clover flower
over the trine of light the stars compose for them.
She will meet his image in the quirks,
in the drop of blood the faceless voice
bid her draw in her dream. By day, the faceless
voice returns to its body, she knows and is
happy there will be no more possession,
she doesn't want him to remember or yearn for her,
just let him live in the heat of her skin, just as
she dreams her birth in her body's every moment.

O FRÍO

O vento atravesa a ferida do corpo
dun xeito tan sensible que non se trata
xa dunha invasión nin dun sinal de
pertenza. É como se o interior
entrase no exterior. Dixéronlle
que a ferida curaría, pero ninguén
lle dixo canto vai estrañar
a ferida cando sande. Que o vento
e o frío entren no corpo e a fagan
tremer é unha cousa dificilmente
comparable a ningunha outra.
É unha cousa capaz de desfacer
a fronteira entre o amor e o que se ama,
o límite entre a creación e as criaturas,
a distancia entre o acto de nacer
e ese recén nacido que somos ante
o acontecemento extraordinario
de que o vento entre en nós
a través da pequena ferida do frío.

THE COLD

The wind crosses the body's wound
in so soft a manner it is no longer
an invasion or even a sign
of ownership. It's as if the interior
had gone outside. They told her
the cut would heal, but no one
told her how she would miss it
when the cut was cured. That the wind
and cold enter the body
making it tremble can hardly
compare to anything else.
A thing capable of consuming
the border between love and loved,
the limit between creation and creature,
the distance between the act of being born
and the newborns we are
before the extraordinary act
as the wind crosses us
through the small cut of the cold.

AS TESOIRAS

As escaleiras lindan coas tesoiras. Cortan
liñas e planos. Provocan accidentes.
A costureira fai a súa travesía polos patróns da costura.
Aprende a compoñer a súa arte dos cortes.
Neste poema vai tentar explicar
o que fan de verdade as súas tesoiras.
Reparade na boca e logo na empuñadura
do instrumento. E despois reparade na boca
da tesoira, que se abre entre os seus dedos
e proclama: *son o número dous*.
Buscamos a unidade como se fose a única
forma do amor, a única forma da sabedoría.
Pero ao principio non era o un, senón o dous,
e ao dous regresarán todas as cousas.
Desde antes do comezo, o mundo sabe
que foi enxendrado polo múltiple.
Sabe ollar para el como un adolescente enfermo
olla pola ventá a luz que desde febreiro anuncia
a primavera, e imaxina a fragancia
da herba despois da chuvia, até que abre a ventá
e a chuvia agarima de súpeto a súa pel
aínda que el siga enfermo no interior do cuarto.
As tesoiras son un pobre agasallo porque cortan.

THE SCISSORS

Stairs run alongside scissors, they cut
lines and surfaces: they cause accidents.
The seamstress follows sewing patterns.
She learns to shape her cutting art.
In this poem she'll try to explain
what her scissors can really do.
Mark her mouth, then the instrument's
bows. Later watch the scissors'
mouth that opens between her fingers
and she proclaims: *I am number two*.
We search for unity as if it were the only
means of loving, the only means of knowing.
At the start it wasn't one, but two,
and everything goes back to two. Since
before the beginning, the world knows
it was conceived by many. She knows
to watch him like a weakling adolescent
watches through the window as the light of February
announces the spring, imagining the smell
of grass after rain until the window opens
and suddenly rain caresses her skin
though he is still lying sick in the room.
Scissors are a terrible gift because they cut.

Igual que as escaleiras, aspiran ao infinito.
Pero tamén son áridas: rompen tea e papel,
carecen da posibilidade de enxendrar. E con todo,
son útiles. Non desde a perspectiva da súa achega
ao equilibrio do mundo: iso é o que as fai útiles
para outros. Elas existen coa mesma precisión
coa que existe este poema. Os obxectos do cesto
da costura cortan a silueta do mundo
para facelo visible aos nosos ollos. Entre eles,
as tesoiras foron parar ás mans da costureira
e para que repare na forma das imaxes que non ve.

Just like stairs, they aim for infinity.
But they're also dry: they tear through cloth
and paper, they'll never engender. And for all that,
they're useful. Not for their contribution to the
balance of the world: that's what makes them useful
for others. They exist with the same precision
with which this poem exists. The objects inside
the sewing basket cut the silhouette of the world
to make it visible. In among them the scissors
managed to halt the seamstress's hands
so she could really see what she'd already seen,
and mark the shape of the forms she doesn't see.

A PEL

No pasado, a experiencia física do amor compuxo
bosques e estepas dentro dela. Agora ve medrar,
no límite da súa cintura, o deserto da neve e sabe
que xusto aí, onde a súa pel é máis branca, se alguén
a tocase, a fendería. O amor actúa directamente
nese punto, despregando a súa ética das sensacións,
unha ética a medida do infinito. A felicidade da pel
consiste en deixarse ir. (Se o mar fose de area,
quen lles daría de comer aos peixes?) Agora ela
está enferma e olla para o corazón da froita, e pode
ver un fósil, algo así como a figura dunha serpe.
E sente que con cada pequeno movemento dos pés
é quen de desatar a enerxía acumulada pola especie.
Sente que o que acontece baixo da súa pel
é todo o que acontece baixo da pel do mundo.
Son fantasías, pero o certo é que a enfermidade a levou
de volta á súa casa, e a súa casa era o corpo. Unha man
que se achega e a aloumiña, a ollada que alguén deita sobre ella,
o aceno máis livián pode guiala camiño do seu corpo
e facer del un templo. As serpes mudan de pel,
pero como se chama a varredura transparente que deixan
detrás delas? As nais zugan cos beizos a ferida,
pero como se chama o sangue que recollen para que os nenos

THE SKIN

Once, the corporeal experience of love settled
woods and grasslands within herself. It thrives now
in the confines of her waist, that desert of snow,
she knows just there, where her skin is whitest,
if someone were to touch, it would crack. Love works
just here, where it spreads its ethics of sensation,
infinitely pitched ethics. The joy of skin
is in its loosening. (If the sea were made of sand
who would feed the fish?) Now she is sick
and keeps an eye on the fruit's heart, she sees
a fossil, something in the shape of a serpent.
She feels with every small step she manages
to unravel the energy of the species accumulated
over millions of years. She feels what moves
under her skin is what moves under the world's skin.
Fantasies yes, but the fact is that her sickness
brought her home, and home is her body. A hand
advances a touch, the glance that once rested on her:
the slightest gesture can sway the way to her body,
cast of it a temple. Serpents slough off their skin,
but what do you call that transparent residue they
leave behind? Mothers suck the wound with their lips,
but what do you call the blood they collect that stops

deixen de chorar? A pel nace onde morren as palabras.
A linguaxe é o interior, e a pel é reversible. Fálannos
desde o berce e cóllennos da man para que andemos.
Pero a carne é distinta da roupa porque doe.
É como a música que non pode cifrar a partitura,
os números que suman e dividen. Na pel dos outros medran,
anoados, o pasado e o porvir. A nosa pel é un túnel cara aos outros.

their child from crying? Words die where skin is born.
Inside is language and the skin is reversible. They talk
to us from the cradle and take us by the hand to walk.
But the flesh is different from clothes because it hurts.
It's like music and yet you can't read the score,
the numbers that add and divide. The skin of others thrives,
the past and future fused. Our skin is a tunnel to them.

A BESTA HUMANA
(Un filme de Renoir)

Unha procura pode ser fermosa e anticipar a morte:
o aceiro, aínda que frío, tamén respira no sangue
da navalla. A parella gorécese da chuvia entre as vías
do tren. A auga quedou tendida, como roupa a secar.
Entre o carbón e o ferro, as pingas case enxugadas
compoñen os seus reflexos, e unicamente as botas
do home e os zapatos da muller poñen en evidencia
o carácter non galante do primeiro acto. Todo segue
a brillar. Brillan as catro moedas do cinto da rapaza,
os pendentes que imitan camafeos, o reloxo roubado
que asiste ao crime por segunda vez. Brillan os bicos
dados no revés dunha man, e os bicos que se deixan
para logo. Brillan as crechas douradas que a cativa
non lle deixa peitear a súa nai para que non as desfaga.
Co seu corpo fragante, a deusa do amor tenta seducir
o guerreiro e o guerreiro responde: *o sexo fede*.
A épica universal comezou nesa escena de tentación
frustrada. A deusa é orgullosa e pídelle a seu pai
unha arma viva. E para iso (xulga ela) nada mellor
que atreverse a ferir a pel do mundo, que aínda é mozo,
e pode renacer mesmo despois da súa completa
destrución. Pero primeiro debe prometer que os hórreos

THE HUMAN BEAST
(A film by Renoir)

A chase can be beautiful and anticipate death:
the steel, though cold, also breathes the blood
from the blade. The couple shelter from the rain between
the train tracks. The water hangs, like drying clothes.
Between iron and coal, the drops fall almost dry,
composing their reflection, and it's only the man's
boots and the woman's shoes that tell of the base
character of the first act. Everything shines on.
The four coins on the girl's belt shine, the earrings
of imitation cameo, the stolen watch used in
the crime for the second time. The kisses on
the back of a hand shine, and the kisses kept
for later. The golden curls the captive won't allow
her mother brush away so as not to lose them.
With her fragrant body, the goddess of love tries
to seduce the warrior to which he responds: *sex
reeks*. And so begins the universal tale of frustrated
temptation. The goddess is proud and asks her father
for a live weapon. And so (she thinks), nothing better
than belting the skin of the world that's still
young, and can be reborn after its complete
annihilation. But first her father must promise

estarán cheos de gran e os palleiros de herba, de xeito
que tanto os humanos como as bestas sexan debidamente
alimentados. O touro branco de Ishtar cruza o ceo
entre a luz de prata da primavera, até desembocar na frase
do escritor naturalista ao comezo do filme de Renoir.
Unha procura pode ser desinteresada e non dar froitos.

the granaries will be full of grain and the ricks
with hay so the humans and beasts will have enough
to eat. The white bull of Ishtar crosses the sky in the
silver light of spring, till he pours from the pen of the
naturalist writer at the beginning of Renoir's film.
A chase can be indifferent and bear no fruit.

O CORAZÓN

Ninguén nos dará a man no derradeiro alento. Quizais a morte
sexa unha experiencia nobre. Quizais sexa tan cega como o amor,
e o sentido da vida sería un significante baleiro, igual que o orgasmo.
Poderán agarrarnos da man ou bicarnos na fronte, pero no derradeiro
instante (se é realmente o instante derradeiro) estaremos nós sós.
E nada é suficiente contra a morte. Morren os asasinos e os caníbales,
os que souberon ler as vísceras das aves, os que ataron no mastro
a pálida Ifixenia porque séculos antes, na súa condición de notables
da república, autorizaran tamén sacrificios humanos. A vida non ten
sentido. A vida é o sentido. E o corazón, tan fráxil, unha ave de paso:
sobrarían os dedos dunha man para poder contalo. Un can de caza
tan ben adestrado que até que estoupa non deixa de bater. Ás veces
o corazón nace cun sopro: o vento infíltrase nel e non o solta,
e noutras ocasións rube pola montaña que fai irregular a paisaxe
da vida, e móvese por ela coma un tren descarriado polos Andes.
E tendo estas imaxes na memoria dicimos, pobremente, que alguén
rompeu o noso corazón. Como se fose un óso e non un músculo.
Pero as cuncas non son de cristal nin de louza. O aire é o verdadeiro
escultor da sede. E o corazón, a máquina de guerra que escolle
a quen lle dar a súa metralla. A quen entrega as armas o corazón
respóndelle: *Non perderás a vida porque non a tés.* O amor
é unha operación a corazón aberto. Quen pode asegurar,
cando nos abran, se ficaremos salvos ou se iremos morrer?

THE HEART

Nobody will hold your hand when you take your last breath.
Death might be a noble experience. It might be blind as love,
and the meaning of life an empty signifier, an orgasm.
Somebody may take our hand, kiss our brow, but at the last
moment (if it really is that moment at last), we are alone. Nothing
to be done against death. All die: assassins, cannibals,
those who read the birds' entrails, those who tied pale Iphigenia
to the mast because centuries ago, in their role as luminaries
of the Republic, they sanctioned human sacrifice. There's no
meaning to life. Life is meaning. The fragile heart a bird in flight;
you could recount it on the fingers of one hand. A hunting dog
so well trained he doesn't stop howling till he's off the leash. There's times
the heart begins with a breath: wind blows and won't release it,
there's times it climbs the mountain of the meandering landscape
of life, and runs through it like a runaway train in the Andes.
And with these pictures in mind we say, feebly, that someone
has broken our heart. As if it were a bone instead of a muscle.
And the bowls are neither glass nor crockery. Air is the true
sculptor of thirst. And the heart, the war machine that chooses
where to sling its shrapnel. To whom it hands the weapons
the heart responds: *you won't lose your life because you don't
have one*. Love is an open-heart operation. Who can be
sure once they open us up, if we'll be saved or if we'll die?

AS ILUSIÓNS

No deserto hai oasis e espellismos. O principal traballo
de toda vida humana é aprender a recoñecer
a diferenza. Non é doado. Por máis que da desilusión
nazan promesas, libros e casamentos, segue sen ser doado.
A forza que precisamos para construír é a forza
que precisamos para derrubar: unicamente muda
a dirección do vento. *Non podemos camiñar*
con fame baixo o sol. Dános sempre o mesmo pan,
o teu corpo de sangue, Señor. Atopas certo consolo
no movemento das árbores e nas súas filigranas
de sombra, e mesmo che parece que podes ver impresas,
sobre o muro, as pegadas da túa mortalidade.

THE ILLUSIONS

The desert's full of oases and mirages. The goal
of all human life is to learn to recognise
the difference. It's not easy. For all the heartbreak
there's still promises, books and weddings, it's not easy.
The strength we need to build is just the strength
we need to tear it down: the only thing that changes
is the direction of the wind. *We can't wander
hungry under the sun. Give us forever the same bread,
your body and blood, Oh Lord.* There's some consolation
in the movement of the trees and their filigree
of shade, and it seems you can see stamped
on the wall, the traces of your mortality.

O CORPO

Caían coma nimbos as follas e os froitos detrás dela,
construían columnas e arcos de ferradura
polos que cruzaba, sen apenas mirar, a présa
do seu corpo. Non se trataba aínda dun rito primaveral,
mais quizais si —os días eran cada vez máis longos[6]—
dun anticipo da primavera. Había algo procesional
no movemento das súas pernas, como se andasen soas
e fosen ao mesmo tempo gobernadas por unha forza
que ela descoñecía. Como se a estatua do Cristo
resurrecto non fose conducida por unha peana
sobre a suor de oitenta homes, senón que camiñase
realmente sobre o chan. Como cando Xesús era un home
de carne e unha mañá decidiu camiñar sobre a auga.
O que comeu ese home, nada máis regresar,
foi mel e peixe, e aínda así non o creron. A procesión
das pernas da rapaza non é algo propiamente relixioso,
pero lembra as caricias do sagrado, o seu acubillo húmido:
o seu calado fulgor. Naquel aceno escuro renaceu o seu corpo,
(o seu corpo visible e o invisible): *Chegou a primavera,*
que fai florecer unhas cousas e enterra outras, pero naquel
milagre do tempo e do espazo que fixo posible un comezo,

---

[6] *Se a Candelaria ri, o inverno está por vir.*
Se a Candelaria chora, medio inverno vai fóra.

THE BODY

They dropped like halos the leaves and fruit behind her.
Columns were raised up and horseshoe arches crossed
by the neat haste of her body with no looking back.
This wasn't about some vernal ritual, though maybe
yes—the days were getting longer[6]—in expectation
of spring. There was something of the procession
in the movement of her legs, as if she were walking
alone and at the same time governed by a force
she couldn't place. As if the statue of Christ resurrected
wasn't carried along on a plinth hoisted on the sweat
of eighty men, but in fact walked on the ground.
Like when Jesus was a man of flesh and one morning
decided to walk on water. What he ate this man,
on his return, was honey and fish, yet still they did not
believe him. The procession of the girl's legs is not
in itself anything religious, but it summons up the sacred
caress, its balmy sanctuary, its warm glow. In that dark
act her body was reborn, (her visible and invisible body):
Then came spring, miracle of time and space that made
a beginning possible, it was so lovely to find you.

---

[6] *If Candlemas Day be fair and bright, winter will have another flight*
If Candlemas Day be cloud and rain, then winter will not come again.

foi fermoso atoparte. As cen follas de rosa
da poeta eran os cen mil pregos da súa decepción,
a ferida que reabre quen cava cunha pa o túmulo
de terra, a sinatura da propia vaidade. Pero ela segue crendo
na intelixencia do amor: o mal que fere o corazón
da rosa quedou prendido a ela para sempre,
así como o rastro do verme volverá adormecer no carozo
dos froitos, alimentando a humidade que deles xurdirá
unha e outra vez, a través das primaveras incontables do mundo.

The hundred rose leaves of the poet were the hundred thousand folds of her deception, the wound reopened by who shovels the tomb, the sign of their own vanity. But she still believes in love's intelligence: the evil that wounds the rose's heart stays pressed to her forever, like the worm's trail leading back to sleep in the deep heart's core of the fruit, nourishing the salve that seeps, time and again, from the countless springs of the world.

DEUCALIÓN

A paixón é o deserto. Erra na experiencia do seu pensar aquel
que identifica o deserto coa sede. O deserto é unha forma
brutal de plenitude. No ventre das estrelas
ela ve o cinto triple da virxe e el ve o triple cinto do guerreiro.
A lóxica da sensación fai do corpo da muller un corpo de doncela.
Chamamos integridade a darnos por enteiro e a permanecer
completamente sós ao mesmo tempo. A lóxica da sensación
rompe o silencio, e ela soña con que el a colla entre os seus brazos
e entre as súas pernas e todo se disolva no exterior e solidifique dentro.
El é o contido do seu desexo, e o desexo contén mundos,
e o mundo é cobizoso para os que buscan transformarlo.
A muller pensa en camiñar con el, cada un sobre o seu deserto,
como aqueles amantes que dos deuses recibiron a encarga
de repoboar o mundo, até que comprenderon que os ósos eran pedras,
porque antes de seren fillos de nai, eran fillos da terra.
E no aceno de botaren as pedras cara atrás, como quen planta
ósos no chan e a si mesmos no ventre das estrelas, aquel casal
soubo darlles aos deuses unha lección de soberbia e de humildade.

DEUCALION

Passion is the desert. He was mistaken in his thinking
to identify the desert with thirst. The desert is a ferocious
measure of plenitude. In the belly of the stars she sees
the Virgin's belt of three while he sees the warrior's triple belt.
The logic of sentiment converts a woman's body to the body
of a maiden. We call integrity giving ourselves wholly yet remaining
utterly alone all the while. The logic of sentiment breaks
the silence, and she dreams that he wraps her in his arms,
between his legs, as everything outside dissolves and solidifies
within. He is the measure of his desire, and desire contains worlds,
and the world is hungry for those who wish to transform it.
The woman thinks of walking with him, each across their own desert,
like those lovers who the gods ordered to repopulate the world,
until they understood that the bones were really stones, because
before they were their mother's children, they were children
of the earth. And by tossing rocks behind, like someone planting
bones in the ground, and they in the belly of the stars, that couple
who knew how to teach the gods a lesson in pride and humility.

O AMOR

Pasan os ríos ocultos baixo o chan das cidades igual que pasa o amor, que afunde
o corazón dos animais humanos sen que eles saiban nin coñecelo nin nomealo.
E así é como uns o confunden coa fame, outros coa sede, e os máis coa transmisión
de nós en outros: as trabes de madeira, a comida no prato, a calor baixo as sabas.
Mais que sería do amor se fose recoñecido e nomeado? Onde se agocharía
el que naceu para levar no rostro un antifaz e no sexo unha espada?
Non ama o amor a paz, e ninguén debería falar de amor para falar de nada
que non fose este río, o interrogante estremo da carne que se abre e, aberta,
se desata. Nada que poida ser levado pola man a unha culminación.
Nada que teña fin. Nada que se sitúe fóra de si mesmo. A alegría dáse no amor
coma o tremor na auga. A alegría dáse no amor coma o fragor no lume.
Pero nunca é feliz o verdadeiro amor. O amor pide guerreiros, persoas afeitas
a vivir en condicións estremas ou, pola contra, febles. Non tanto para os poñer a proba
como para sacar á luz a súa potencia oculta, que pasa a través del e a través deles,
que non é unha potencia persoal nin sobrehumana. É unha forza de auga.
Pode apagar o lume e ser o aire dos peixes, alimentar a terra e corroer o ferro,
facer medrar o trigo e estragar as colleitas. Por iso flúe comigo,
pura paixón do poema, porque eu non nacín máis que para escribir
e ser escrita, porque eu nunca escribín máis que para nacer e ser amada.

LOVE

Rivers flow hidden under the city streets, just as love flows sinking
the heart of human beasts who never realise, recognize or name it.
It's confused with hunger, it's confused with thirst, it's confused with us
as we shift on to the material: wooden beams, food on a plate, heat
under the sheets. And what if love were known and named? Where
would he hide his birthright of the face-hung mask, the sword in his sex?
If it lulls it isn't love, and don't talk to me about love unless you talk
about this river, the ultimate question that opens the flesh, and once open
is unleashed. Nothing will peak that's taken by the hand. Nothing
that ends. Nothing that can be held beyond itself. Joy in love
is a ripple in the water. Joy in love is the fire's bellow.
But it's never happy, true love. Love wants warriors, bodies given to
extreme conditions, or, on the other hand, to weakness. This is not
a test, but a bringing to light of the hidden power flowing through love,
through them. It's not a personal or a superhuman power. It's a force
of water. It can quench fires and is the air of fish, it can feed the land
and rust iron, make wheat grow and destroy crops. And it flows through me,
pure poetic passion, because I was born for nothing else but to write
and be written, because I write for nothing else but to be born and loved.

Un día miña nai díxome, pechando unha conversa sobre a resurrección moitos anos despois da morte de meu pai: *Déixame pensar que hai un lugar onde volverei atopalo*. E falou ben, porque o lugar ao que ela se refería non era un lugar no espazo do mundo, nin sequera un lugar exterior que puidésemos identificar co espazo do mundo. Era un lugar moi distinto, mais ao cabo, un lugar (…) Era un lugar e un ser en tanto que ser e lugar dunha relación, dun encontro, dun reencontro.

Jean-Luc Nancy

One day, concluding a conversation about the resurrection many years after my father's death, my mother said to me: *Let me believe there is a place after death where I will see him again.* And she was right, because the place to which she was referring was not a physical space in the world, or even some exterior space we would identify with a place in the world. It was a very distinct place, but in the end, a place (…) It was a place and a being while being and the place of a relationship, of a meeting, a reunion.

Jean-Luc Nancy

NOTA DA AUTORA

O deserto é un libro solitario, pero por el pasaron as mans de moitos. Ao longo dos últimos meses os seus versos cruzáronse coas palabras de Ismael Ramos, Jesús Castro Yáñez e Román G. Alberte. A idea de replicar na súa factura visual o xénero medieval dos devocionarios é debedora das valiosas informacións que xenerosamente me achegaron Almudena Otero Villena e Candela Camiño López. Agradézolles asemade ás editoras de Apiario e aos compañeiros de Numax a súa confianza nesta aventura de meditacións e estampas.

O poema 'Nota sobre a escultura' foi concibido inicialmente para a exposición *Débedas e préstamos* de Gonzalo Sarasquete (Museo do Pobo Galego, 14 de xullo de 2015) e viu o prelo por primeira vez no catálogo homónimo. "O amor" foi publicado, por convite de César Lorenzo Gil, na revista dixital *Biosbardia*. A maioría dos outros poemas existen grazas a unha convalecencia que se prolongou durante medio ano e que, como dita a práctica do hesicasmo, me obrigou a gardar quietude, soidade e silencio.

Na escritura do libro resultoume moi inspiradora a peza audiovisual *Et la guerre est a peine commencée* do colectivo Tiqunn, da que tiven noticia polo editor e filósofo Roberto Abuín. A voz en *off* do filme lémbranos o vínculo, fondo pero inestable, entre a vontade de arredamento do mundo e a creación de comunidade. Os primeiros eremitas marchaban sós pero acabaron atopándose uns aos outros no medio do deserto. Como nos aprendeu Deleuze, o nomadismo non é unha refutación do centro, senón o recoñecemento de que a vida se move e debemos ser rápidos para poder alcanzala.

Sar de Fóra, 15 de xullo de 2015

AUTHOR'S NOTE

The Desert is a solitary book, though it has passed through many hands. Over the last few months these verses have intermingled with the words of Ismael Ramos, Jesús Castro Yáñez and Román G. Alberte. The idea of reproducing the design of those early devotionals is thanks to the invaluable information supplied by Almudena Otero Villena and Candela Camiño López. I am grateful to my publishers at Apiario and the team at Numax for their belief in this project of meditations and prints.

The majority of these poems exist thanks to a convalescence that lasted half a year and that, like the practice of Hesychasm, forced me to become quiet, solitary and silent.

In the writing of this book I was very inspired by the audio-visual piece *Et la guerre est a peine commencée* (And the war has only just begun), from Tiqunn Collective, who I had first heard about thanks to the publisher and philosopher Roberto Abuín. The voice-over in the film recalls the profound but unstable connection between the world's will to distance, and the creation of community. The first hermits set out alone but eventually found each other in the middle of the desert. As we learn from Deleuze, nomadism is not a refutation of the centre, but the recognition that life moves and we need to be quick to catch it.

Sar de Fóra, 15th July, 2015

THE AUTHOR

María do Cebreiro was born in 1976 in Santiago de Compostela. She is a widely-acclaimed Galician-language poet and critical theorist.

Her published poetic works include: *O estadio do espello* [The Mirror Stage] (1998), *(Nós, as inadaptadas)* [Us, the Maladapted] (2002), *Non queres que o poema te coñeza* [You don't want the poem to know you] (2004), which won the Caixanova Prize, *Os hemisferios* [Hemispheres] (2006), *Cuarto de outono* [Autumn Room] (2008), *Non son de aquí* [I am not from Here] (2008), *A guerra* [The war] with Daniel Salgado (2012), *Os inocentes* [The innocents] (2014), *O deserto* (2015), which won the Spanish Critics' Award, *A lentitude* [Slowness] (2017) and *Soños. Arquivos. Cartas* [Dreams. Archives. Letters] (2018). In collaboration with Xosé Carlos Hidalgo Lomba she published the artists' books *Poemas históricos* [Historical poems] (2010) and *O grupo* [The group] (2012). She collaborated with Ismael Ramos on the poetic dialogue *A ferida* [The wound] (2013), also designed by Hidalgo Lomba. She has also collated a series of poetry anthologies: *A poesía é o gran milagre do mundo* (2001), a sample of contemporary Galician poetry translated into English, and *Damas Negras* (2002), a collection of song lyrics by Afro-American women.

As an academic she has published *As antoloxías de poesía en Galicia e Cataluña: representación poética e ficción lóxica* (2004), *As terceiras mulleres* (2005), and a variety of articles where new theoretical perspectives for contemporary Galician studies are explored (see for instance her English-language article 'Spectres of the Nation: Forms of Resistance to Literary Nationalism' in the *Bulletin of Hispanic Studies* (2009) or her study of Galician author-translations in *Galicia 21: Journal of Contemporary Galician Studies* (www.galicia21journal.org). Her book *Non son de aquí* has been translated into English by Helena Miguélez-Carballeira and was published by Shearsman Books in 2010.

THE TRANSLATOR

Keith Payne was the Ireland Chair of Poetry Bursary Award winner for 2015-2016. His collection *Broken Hill* (Lapwing Publications, 2015), was followed by *Six Galician Poets* (Arc Publications, 2016), *Museums, Bedrooms and Trees* (2017) and *Diary of Crosses Green* (Francis Boutle Publishers, 2018) from the Galician of Martín Veiga. Forthcoming in 2019 from Shearsman Books is *Second Language*, from the Galician of Yolanda Castaño. A regular reviewer of contemporary Irish poetry for *Dublin Review of Books*, he is director of The La Malinche Readings Ireland/Galicia and the PoemaRia International Poetry Festival, Vigo.

www.ingramcontent.com/pod-product-compliance
Lightning Source LLC
Chambersburg PA
CBHW081328190426
43193CB00043B/2846